진흙쿠키,
꿈과 희망을 구워요!

편집자 후기

이 책을 읽다 보면 평소 때에는 조그마하던 시엘이 갑자기 덩치 큰 소녀로 나오는 그림을 아주 가끔 볼 수 있습니다. 이는 가난과 지진이라는 힘든 상황 속에서도 포기하지 않고 현재의 괴로움을 이겨 내려고 노력하면서 몸과 마음이 한층 성숙해지고 있음을 표현한 것이랍니다. 여러분도 학교생활 속에서 아니면 친구와의 관계 속에서 힘들고 지칠 때가 있을 거예요. 그렇다고 너무 힘들어하거나 쉽게 포기하지 마세요. 그리고 이겨 내려고 노력하세요. 훗날 돌이켜 보면 이 책의 주인공 시엘처럼 한층 성숙해진 자신을 발견할 수 있을 테니까요. _책임 편집자 정내현

단어 및 문장 설명

J'ai faim(제 팡). : 배가 고파요.(표지)
Espérance(에스뻬항쓰) : 희망 (62페이지)
위의 문장과 단어는 모두 프랑스 어입니다.

노경실 선생님의 지구촌 인권 동화 1
진흙 쿠키, 꿈과 희망을 구워요!

초판 1쇄 펴낸 날 | 2013년 11월 20일
초판 8쇄 펴낸 날 | 2023년 9월 25일
글 작가 | 노경실　**그림 작가** | 김윤경

펴낸이 | 이종미　**펴낸 곳** | 담푸스　**대표** | 이형도　**등록** | 제395-2008-00024호
주소 | 경기도 파주시 문예로 21, 3층 302호
전화 | 031)919-8510(편집)　031)907-8512(마케팅)　031)919-8511(주문관리)
팩스 | 070)4275-0875　**메일** | dhampus@dhampus.com
홈페이지 | http://dhampus.com　**인스타그램** | @dhampus_book
편집 | 정내현, 정은아　**마케팅** | 김하경　**경영지원** | 김지선　**디자인** | 파피루스

ISBN　978-89-94449-31-9　74810
　　　978-89-94449-29-6　(세트)

이 도서의 국립중앙도서관 출판시도서목록(CIP)은 서지정보유통지원시스템 홈페이지(http://seoji.nl.go.kr)와 국가자료공동목록시스템(http://www.nl.go.kr/kolisnet)에서 이용하실 수 있습니다. (CIP제어번호:2013022525)

노경실 선생님의 지구촌 인권 동화 1

진흙 쿠키,
꿈과 희망을 구워요!

노경실 글 | 김윤경 그림

담푸스

> 추천사

사랑하고 공부하고 꿈꾸는 아이티 어린이들의 희망을 전하는 책

"아이티를 포기하지 말아 주십시오. 아이티 주민들도 포기하지 않았습니다."

아이티 지진이 일어난 지 2년이 되던 때 아이티에서 활동하던 세이브더칠드런의 동료가 보내온 메시지였습니다.

지진 이후 아이티의 일부 사람들이 밥 대신 진흙으로 쿠키를 빚어 먹는다는 뉴스가 전해졌을 때 세상 사람들은 놀라고 안타까워했습니다. 단지 배고픔을 잊기 위해 맛은커녕 건강마저 위협하는 진흙 쿠키를 먹어야 한다는 사실은 분명 마음 아픈 일입니다. 그렇기 때문에 진흙 쿠키를 엄마들의 안타까운 마음이

녹아 든 '눈물의 쿠키'라고 부르는 것이겠지요.

하지만 이 이야기에 나오는 씨엘네 가족은 진흙 쿠키가 아이티 사람들에게 배고픔을 속이는 서러운 방법이 아니라, 집과 도로가 무너져 내리고 사랑하는 가족과 친구들을 잃은 참혹한 현실 속에서도 기필코 살아남겠다는 강한 의지이자 삶에 대한 애착임을 보여 줍니다.

아이티에서 30년 넘게 활동해 온 세이브더칠드런은 아이티 사람들의 꺼지지 않는 희망을 목격했습니다. 이들은 지진이 일어나더라도 깨지지 않을 벽돌로 다시 집을 쌓아 올리며 지진이 일어나기 전보다 더 나은 미래를 만들고자 노력하고 있습니다. 하지만 이러한 변화는 1~2년이라는 짧은 시간 안에 일어날 수 없습니다. 지진이 일어나기 전에도 가장 가난한 나라 중 하나였던 아이티가 삶의 터전이 무너져 내린 폐허와 뿌리 깊은 빈곤을 딛고 일어나려면 그보다 훨씬 오랜 시간이 필요할 것이기 때문입니다. 그래서 『진흙 쿠키, 꿈과 희망을 구워요!』가 더욱 반갑습니다. 이미 우리의 기억 속에서 사라져 가는 아이티 아이들의 현실과 이를 넘어서고자 하는 이들의 희망과 의지를 다시금 일깨워 주고 있기 때문입니다.

이 책을 통해 아이티 아이들에 대한 관심과 응원이 계속 이어지기를, 그래서 아이티에 있는 수많은 씨엘이 걱정 없이 사랑하고 공부하고 꿈꾸며 살아갈 수 있기를 바랍니다.

세이브더칠드런 사무총장 김미셸

글쓴이의 말

아이티 어린이의
꿈을 지켜 주세요

　성형 수술비도 의료 보험 혜택을 받게 해 달라. 간헐적 단식으로 살을 뺐다. 외모도 스펙이다. 애완견 전용 호텔과 유치원의 등장. 자녀들의 생일 파티를 위한 고급 출장 요리. 날마다 듣고 보는 뉴스 중 한 부분입니다.

　참으로 이상하지 않나요? 인터넷과 스마트폰 덕분에 이 세상 모든 일이 벌거벗은 것처럼 훤히 보이는데 왜 지구 곳곳의 아이들을 못 보는 걸까요? 알면서도 나와 내 주변의 것들이 더 소중하게 여겨져서 그들의 아픔을 잠시 잊고 있나요?

　몸과 마음이 아프고, 미래가 보장되지 않은 아이들은 아프리카나 남미, 그리고 아시아 곳곳의 가난한 나라에만 있는 것이 아닙니다. 한류 영향으로 세계의 시선을 한 몸에 받고 있는 우리나라에서도 학대받고, 버림받으며, 왜곡된 가치관으로 소외받는 어린이들이 너무도 많습니다.

모든 고통에는 등급이 없습니다. 의식주는 물론 놀고 배우며, 하루를 평안히 보내고 내일을 기대하는 것, 가정과 이웃, 학교와 놀이터 등 어린이에게 가장 기본적인 삶의 자원 중 하나라도 부족하게 되면 동일한 고통이 일어나는 것입니다.

그래서 나는 작가라는 입장에서 아이들에게 손을 내밀고, 어른들에게 호소합니다. "내 이웃의 아이들, 이름도 모르는 지구촌 곳곳의 아이들의 아픔을 알기라도 합시다." 그리고 "우리의 양심이 나를 책망하기 전에 무엇인가 실천합시다."라는 마음도 전합니다.

겨울이 오면 너무 추워서, 뜨거운 여름이 되면 지칠 것 같아서 아이들 걱정을 하는 것은 오로지 친부모만의 마음이 아닙니다. 이렇듯 염려와 긍휼의 마음을 갖는 것만으로도 우리는 이미 양심의 명령에 충실한 아름다운 사람입니다.

2013년 초겨울, 일산 흰돌마을에서, 노경실.

차례

추천사 … 4

글쓴이의 말 … 7

1. 아빠, 안녕! 기다릴게요 … 10

2. 흔들리는 땅, 무너진 집 … 28

3. 우리에게 희망이 남아 있나요? … 40

4. 진흙 쿠키! 눈물의 '흙 과자' … 54

5. 진흙 쿠키! 희망의 '꿈 과자' … 70

생각해 보아요 … 82

"씨엘!"

부엌 쪽에서 들리는 엄마의 목소리에 씨엘은 벌떡 일어나 두 동생을 깨웠습니다.

"레브! 봉봉! 너희도 일어나!"

"음음……."

그러나 두 남동생은 못 들은 척했어요.

"빨리! 학교 늦어!"

씨엘은 동생들이 덮고 있는 짙은 초록색 커다란 무명천을 휙 걷어 냈습니다. 그제야 레브와 봉봉은 눌려 있던 풀이 바람에 몸을 세우듯 일어났지요.

세 남매는 물통을 들고 밖으로 나오자마자 뛰었습니다. 집에서 30분쯤 걸어가면 우물이 하나 있는데, 거기서 물을 길어다 놓은 다음 학교에 갈 수 있습니다.

"누나! 다음 주 토요일이 무슨 날인지 알아?"

막내 남동생인 봉봉이 물통을 장난감처럼 빙빙 돌리면서 물었

습니다.

"그럼! 네 생일이잖아!"

날마다 하는 일이라, 세 남매는 물통을 들고 뛰어가면서도 힘들지 않게 말할 수 있었습니다.

"생일이면 뭐 해? 일곱 살이 되는데도 글을 읽지도, 쓰지도 못하면서!"

레브가 놀렸습니다.

"나도 누나나 형처럼 학교에 다니면서 글을 배울 거야. 그런데 누나, 아빠가 무슨 선물을 해 주실까?"

봉봉의 두 눈은 설렘 가득한 빛으로 반짝반짝 빛났습니다.

"운동화가 아닐까?"

"우와!"

누나의 말에 봉봉은 제자리를 빙빙 돌며 춤을 추었습니다.

"내 생일에도 운동화를 안 사 줬는데, 너를?"

레브는 툴툴거렸습니다.

"봉봉은 우리 집 막내잖아."

씨엘은 봉봉을 쳐다보며 신 나게 말했지만 사실 아까부터 얼굴빛이 어두웠답니다. 며칠 전 아빠가 동네 아저씨와 이야기하

아빠, 안녕! 기다릴게요 13

는 것을 우연히 들은 후 걱정거리가 생겼거든요. 물론 두 동생은 눈치채지 못했습니다.

    동네 어른들은 대부분 규칙적으로 출근하는 직장이 없습니다. 씨엘네 마을에도, 옆 마을에도 회사나 공장이 없어서이지요. 그래서 씨엘의 아빠는 부둣가에서 짐을 나르는 일을 합니다. 하지만 이 일도 경쟁이 치열해서 날마다 할 수 있는 일이 아니랍니다. 일이 없는 아저씨들은 부둣가에 있는 술집에서 하루를 보내기도 하지요.

    나흘 전 일이었어요. 씨엘은 아는 집의 아기를 돌봐 주는 일을 하고 집으로 돌아오고 있었습니다. 가난한 동네이지만 그나마 제법 사는 마리아 아줌마가 공부를 잘하는 씨엘을 위해 가끔 내어 주는 아르바이트 자리였지요.

    학교에 다녀온 뒤, 몇 시간을 마리아 아줌마의 아기와 놀아 주고, 그림책을 읽어 주면, 아줌마는 커다란 파파야 크기의 버터 빵 한 덩이를 헝겊에 둘둘 말아서 준답니다. 씨엘이 버터 빵을 들고 오는 날은 온 가족이 행복해지는 날이기도 하지요.

    씨엘네 가족은 보통 하루 두 끼만 먹는데,

늘 거친 밀가루에 소금만 들어간 빵을 멀건 감자 수프나 양배추 수프에 찍어 먹는답니다. 그런데 마리아 아줌마네 버터 빵은 하얀 눈처럼 고운 밀가루에 버터와 설탕, 우유를 듬뿍 넣어 구운 빵이라 냄새만 맡아도 세 남매는 황홀해서 소리를 지르기도 하지요. 게다가 그 모양새가 보석 덩이처럼 매끄럽고 깨끗하며 예쁘거든요. 그래서 레브와 붕붕은 이날을 손꼽아 기다린답니다.

'이런 빵은 천사들이 먹는 빵일 거야!'

'미국 애들은 날마다 이런 빵을 먹고 살 거야!'

'나는 어른이 되면 돈을 많이 벌어서 이런 빵을 실컷 먹을 거야!'

아이들이 버터 빵을 먹으며 좋아할 때마다 엄마와 아빠의 눈에는 언제나 이슬이 맺힙니다. 그리고 엄마와 아빠는 아이들 생각을 하느라 가슴이 아프지요.

'우리 아이들이 언제쯤이나 마음껏 먹으며 공부할 수 있을까? 잘사는 집 자식들로 태어났으면 이런 버터 빵쯤은 날마다 먹을

수 있을 텐데…….'

씨엘은 엄마 아빠의 마음을 잘 알기에 이날도 버터 빵 한 덩이를 가슴팍에 소중히 안고 집을 향해 발걸음을 옮겼지요. 그런데 술집에서 아빠가 친구인 동네 아저씨와 함께 나오는 모습을 보고는 걸음을 멈췄답니다.

두 사람은 돈이 없어서 술도 많이 마시지 못했습니다. 씨엘은 천천히 걸으며 아빠의 뒤를 따라갔습니다. 아빠와 아저씨의 어깨는 축 처져 있었고, 목소리에도 힘이 없었습니다.

"정말 자네는 미국으로 갈 건가?"

아빠는 친구 아저씨의 어깨에 오른팔을 올리며 물었습니다.

"물론! 만약 미국에 못 가면 도미니카나 하다못해 쿠바라도 갈 거야."

"자네는 부인이 다음 달에 아기를 낳는데도 간다고?"

아빠가 걸음을 멈추자, 친구 아저씨도 멈췄습니다. 씨엘은 얼른 뒤로 물러났지요.

"그러니까 빨리 가서 돈을 벌어야지."

아빠의 친구는 한숨을 내쉬며 말했습니다.

"사실은 나도 도미니카로 가기로 결정했다네. 이러다가는 우리 씨엘과 레브가 더 이상 학교에 못 다닐지도 모르니까. 우리 나라에서는 일을 하고 싶어도 일자리가 없잖아. 나라 형편도 갈수록 어려워지고. 이제 우리 봉봉도 학교에 보내야 하는데……. 집사람하고도 얘기를 다 끝냈다네. 아직 우리 아이들은 모르지만……."

씨엘은 아빠의 말에 두 다리가 얼어붙은 듯 제자리에 멈춰 섰습니다. 그러고는 점점 멀어지는 아빠와 아저씨의 슬픈 뒷모습을 멍하니 바라보았지요.

그날부터 씨엘은 아빠와 엄마의 말을 더 잘 들었습니다. 그렇지만 아무것도 묻지 않았습니다. 아이티에서는 돈을 벌기 위해 이웃 나라들로 가는 일이 흔하거든요. 씨엘은 아빠 생각을 하면서 미국과 도미니카공화국을 향해 하늘을 바라보고 있었습니다.

"누나, 뭐 해?"

레브의 커다란 목소리에 씨엘은 놀라 물통을 떨어뜨릴 뻔했습니다.

한참 동안 기다리다가 차례가 되자 세 남매는, 아침밥 대신

우물물로 그득 배를 채우고, 물통 가득 물을 담았습니다.

"출발!"

레브의 외침을 따라 세 남매는 다시 30분이 넘는 길을 되돌아 걸어가기 시작했습니다. 벌써 머리 위로 슬금슬금 올라오는 뜨거운 햇볕에 어지럼증이 생길 정도였습니다. 그래도 세 남매는 물로 배를 채운 덕에 노래까지 부르며 걸었답니다.

"아이티의 푸른 하늘, 아이티의 푸른 바다."

엄마는 아기를 재우고, 아빠는 바다를 깨우네.

천사들이 아기를 지키고, 악마는 도망가네.

아이티여 꿈을 꿔라, 아이티여 희망의 꽃을 피워라!"

"봉봉, 생일을 축하한다!"

"봉봉, 하나님의 은혜가 함께 하길!"

오늘은 봉봉의 생일이면서도, 학교에 가지 않는 토요일입니다. 엄마는 어렵게 구한 하얀 밀가루에 설탕을 넣고 빵을 구워 주었습니다. 그리고 멀건 감자 수프가 아닌 달콤한 양배추 수프에 닭고기를 넣어 내놓았지요. 너무도 오랜만에 맛보는 고기 수프 맛에 가족들은 모두 웃음을 그치지 못했습니다.

식사를 마치자, 모두 정성스레 준비한 선물을 봉봉에게 주었습니다.

엄마는 봉봉의 이름을 수놓은 커다란 노란색 면 손수건을 주었습니다. 더운 나라인 아이티에서는 손수건이 아이들에게 꼭 필요하니까요.

씨엘은 빨간색 색연필 한 자루를 주었습니다. 아껴 써서 사분의 일 정도는 남아 있답니다.

"마리아 아줌마가 준 거야."

"누나, 고마워!"

레브는 편지를 읽어 주는 선물을 했습니다.

> 내 동생, 봉봉!
> 생일 축하해. 네 이름이 사탕이란 뜻인 건 잘 알지?
> 앞으로 잘 자라서 사탕처럼 세상에 달콤한
> 사람이 되어야 해. 그리고 나도 이제는 네가 글을
> 못 읽고, 못 쓴다고 놀리지 않을게. 내년 생일 때에는
> 꼭! 꼭! 꼭!! 선물할게. 약속해!
> 　　　　　　　　　봉봉을 사랑하는 형, 레브!

가족들은 레브의 편지에 감동하여 큰 박수를 쳐 주었습니다.

"레브는 작가가 되려나 봐."

"아뇨! 나는 빵 공장 사장이 될 거예요!"

엄마의 말에 레브가 항변하듯 소리치자 잠시 분위기가 어두워

졌지만, 아빠가 파란 선물 상자를 꺼내자마자 가족들은 다시 웃었답니다.

"봉봉, 내가 준비한 선물이다."

아빠의 선물이 운동화이길 간절히 바라는 봉봉은 조심스레 상자를 열었습니다.

"우와!"

파란 색깔의 운동화. 누구나 갖고 싶어 하는 상표의 운동화는 아니지만 새 운동화였습니다. 봉봉은 너무 좋아 아무 말도 하지 못한 채 운동화를 가슴에 꼭 껴안았습니다.

레브는 자기도 새 운동화를 갖고 싶다는 간절한 마음에 심술이 생길 정도였습니다. 그러나 씨엘은 저도 모르게 눈물을 주르르 흘렸습니다. 엄마도 울고 있었습니다.

그때, 아빠가 봉봉을 품에 안고 조용히 말했습니다. 그 순간에도 봉봉은 파란 운동화를 사랑스러운 강아지처럼 매만지며 어쩔 줄 몰라 했지요.

"얘들아, 잘 들어라. 조금 뒤에 아빠는 도미

니카공화국으로 떠난단다. 왜 가는지는 말 안 해도 알지? 우선 일 년만 일하고 올게. 그럼 너희 모두 계속 학교에 다닐 수 있고, 우리도 하루 세 끼를 다 먹으며 살 수 있어."

아빠의 말에 엄마도, 씨엘도, 동생들도 아무 말 하지 않았습니다. 죄 지은 사람처럼 고개를 숙이거나, 슬픈 눈으로 아빠를 바라보았지요.

워낙 동네에서는 흔한 일이라 누구도 놀라지 않았습니다. 다만 사랑하는 아빠를 날마다 볼 수도, 부를 수도, 안길 수도 없다는 사실에 마음이 아팠습니다.

"아빠!"

씨엘과 레브는 울면서 아빠 품으로 달려들었습니다.

"즐거운 마음으로 아빠를 보내 줘야지? 아빠는 어릴 적에 먹을 것이 없어서 진흙 쿠키를 먹으면서도 희망을 잃지 않았단다. 그리고 지금 꿈을 이루기 위해 잠시 떠나는 것이고. 우리 가족 모두가 행복해지는 꿈을. 그러니 너희들도 절대 희망을 잃으면 안 된다. 알겠지?"

"아빠!"

아기처럼 아빠 품에 안긴 봉봉은 울음을 터뜨렸습니다.

"레브. 네 이름에는 꿈, 희망이라는 뜻이 담겨 있단다. 그러니까 네가 우리 집의 희망을 위해 가족을 잘 돌봐야만 한단다. 넌 남자니까 절대 울지 말고!"

레브는 엉엉 울면서 고개를 크게 끄덕였습니다.

"그리고 씨엘. 네 이름은 무슨 뜻이지?"

"하늘이요."

씨엘도 우느라 겨우 대답했습니다.

"그리고 네 꿈은 의사잖니? 아빠가 돈을 많이 벌어서 꼭 대학에 갈 수 있게 할 테니까 아빠가 돌아올 동안 엄마를 잘 돕고, 동생들도 잘 챙겨 주거라."

씨엘은 두 손으로 얼굴을 가리고 울면서 고개를 끄덕였습니다.

그때였습니다.

"피에르! 피에르! 어서 나와. 이번 배를 놓치면 또 한참을 기다려야 한다고."

아저씨들의 목소리가 들렸습니다.

아빠는 이미 준비해 둔 배낭을 어깨에 메고는, 엄마를 꼭 안아 주었습니다.

"여보, 사랑해. 연락할게."

"나도 사랑해요. 몸 건강해야 돼요. 우리는 당신 없으면 못 살아요."

엄마와 몇 번씩이나 입을 맞춘 아빠는 밖으로 휙 나갔습니다. 아빠는 아이들에게 눈물을 보이고 싶지 않아 일부러 뒤도 돌아보지 않았답니다. 아빠와 엄마의 얼굴은 이미 눈물로 흠뻑 젖어 있었습니다.

"어?"

자기들에게도 입맞춤을 해 줄 줄 알고 기다리던 세 남매는 놀라 밖으로 뛰어나갔습니다.

"아빠!"

아빠는 뒤를 돌아 보지도 않은 채, 오른손을 들어 힘차게 흔들었습니다.

"사랑하는 나의 천사들, 건강해라."

아빠의 등을 타고 들려오는 커다란 목소리를 따라 세 남매는 달려갔습니다.

"아빠!"

흔들리는 땅, 무너진 집

오늘도 씨엘과 레브는 학교에서 오자마자 동네 뒷산으로 올라갔습니다.

"아빠가 안 계시니까 한 시간씩 더 하자."

"응, 누나. 그런데 이번 주에는 그 부자 아줌마 집에 안 가?"

레브는 노릇노릇 잘 구워진 버터 빵을 생각하며 물었습니다.

"마리아 아줌마 가족은 모두 영국으로 여행을 떠났어. 두 달은 지나야 온대."

"두 달?"

레브는 입을 쩍 벌리며 소리를 질렀습니다.

"그럼 두 달 동안 버터 빵을 구경도 못 한다는 거야?"

"레브! 지금 아빠가 돈 벌러 다른 나라에 가셨는데, 그깟 버터 빵이 문제야?"

씨엘은 마음이 아팠지만, 일부터 굳은 표정을 지으며 대답했습니다.

"미안해, 누나……."

고개를 숙인 레브의 두 눈은 이미 눈물로 출렁였습니다. 다행히 그때 산 아래쪽에서 봉봉의 목소리가 들렸습니다.

"누나! 형!"

봉봉은 가끔씩 따라옵니다.

"위험하다고 오지 말랬잖아?"

씨엘이 야단쳤지만, 봉봉은 콧물을 훌쩍이면서도 환하게 웃었습니다. 그리고 어디에서 구했는지 자기 키 반만 한 누런 비닐봉지를 깃발처럼 흔들며 말했습니다.

"나도 할래!"

레브는 봉봉에게 들키지 않으려고 콧물을 닦는 척하며 얼른 팔등으로 눈물을 닦았습니다.

"좋아, 가자!"

씨엘이 앞장섰습니다.

"누나, 같이 가!"

레브와 봉봉이 두 팔을 흔들며 따라갔습니다.

늦은 오후만 되면 동네 뒷산은 어른 아이 할 것 없이 사람들로 북적입니다. 모두가 돈을 벌기 위해서이지요. 뒷산은 쓰레기장이거든요. 원래는 낮은 언덕이었는데 오랜 세월 동안 사람들이 쓰레기를 버리다 보니 마치 산처럼 높아진 것입니다. 또, 넓이도 훨씬 넓어졌지요.

이제는 이곳을 모두 구르드(아이티의 화폐 단위) 산이라고 부르는데,

이 산이 동네 사람들의 삶에 보탬이 되기 때문입니다. 사람들은 비닐봉지나 곡물 자루 등을 들고 와서 팔 수 있는 것, 집에서 사용할 수 있는 것, 그리고 식중독에만 걸리지 않으면 먹을 수 있는 것을 모두 골라 담습니다.

씨엘과 레브는 학교에 다니기 전부터 이 일을 했지요. 그리고 이제는 구르드 산에서 골라낸 물건들을 내다 팔아서 학교에 다닙니다. 학용품 역시 주운 것으로 사용하지요.

먹다 남은 옥수수, 부잣집에서 버린 케이크, 아직 굳지 않은 파스타, 곰팡이 슬지 않은 빵 덩어리, 벌레가 조금 있는 밀가루, 반만 쓰고 버린 노트, 부러진 색연필이나 크레파스, 발에 조금 크거나 작은 슬리퍼, 구멍이 심하게 나지 않은 옷, 새지 않는 비닐봉지, 헌 이불, 실밥투성이 수건, 아직 상하지 않은 통조림, 원래 크기의 절반도 안 남았지만 포장지는 남아 있는 초콜릿, 이 빠진 접시, 읽을 줄 모르나 종이가 필요해서 골라낸 영어 잡지, 한쪽 눈이 어디론가 달아난 곰 인형, 손바닥만 한 깨진 거울 조각 등.

다시 사용할 수 있는 것은 무엇이든 자루에 담습니다. 특별히 행운이 따르는 날에는 값진 물건을 찾아내기도 하지만 그런

경우는 극히 드뭅니다. 그럴 만한 물건들은 대부분 어른들이 골라내니까요. 그래도 세 남매는 구르드 산 덕분에 배도 덜 굶고, 학교에도 다닐 수 있습니다. 씨엘과 레브의 책가방도 구르드 산에서 찾아낸 것입니다.

"누나! 누나!"

숨이 멎을 듯 악취가 나는데도 쓰레기 더미 안으로 거의 들어갈 만큼 몸을 구부리고 뒤지던 레브가 소리쳤습니다.

"왜?"

"이거 봐!"

레브는 쓰레기 더미에서 몸을 일으키며 한 손을 흔들었습니다.

"포도주네!"

씨엘은 벌써 더러워진 얼굴로 환하게 웃었습니다. 반 병 정도 남은 붉은 포도주는 다행히 뚜껑이 꽉 닫혀 있었습니다.

"아빠가 정말 좋아하시는 건데!"

봉봉은 마치 포도주 맛을 아는 사람처럼 입맛을 다시며 말했습니다.

"우리 이 포도주를 아빠가 오실 때까지 간직하자. 그래서 귀국 선물로 드리자."

"좋아!"

씨엘의 말에 동생들은 두 손을 흔들며 좋아했습니다. 레브는 포도주 병을 조심스레 비닐봉지에 담았습니다. 그리고 세 남매는 다시 허리를 굽혔습니다.

그때, 봉봉이 중얼거리듯 말했습니다.

"나도 폴 아저씨처럼 미국 돈 좀 찾았으면 좋겠다."

작년에 있었던 '폴 아저씨의 1달러짜리 100장 묶음 발견 사건'은 이 동네에서 전설처럼 전해집니다. 부자 동네에서 누군가가 베개 속에다 돈을 몰래 보관해 놓았다가 깜박하고 베개를 버린 것입니다. 그 돈 덕분에 아저씨는 시장에서 장사를 하게 되었고, 이제는 구르드 산에 올라오지 않는답니다.

그리고 폴 아저씨의 달러 사건은 이 동네 사람 모두에게 희망을 주었지요.

'냄새나고, 더럽고, 때로는 피부병도 생기지만 언젠가는 폴 아저씨처럼 돈이나 좋은 물건을 건질 수 있다! 그러면 나도, 우리 가족도 구르드 산에 올라오지 않아도 된다!'

씨엘도 레브도 봉봉과 같은 마음이지요. 하지만 오늘도 세 남매는 언제나처럼 고만고만한 물건들을 담은 채 구르드 산에서 내려와야 했습니다.

　세 남매는 말없이 집으로 향했습니다. 어느새 눈이 시리도록 붉은 노을이 온통 마을을 휘감으며 빛을 내고 있었습니다. 땀과 먼지투성이인 아이들의 얼굴도 마치 빛의 요정처럼 빛났지요.

　"누나, 그래도 오늘은 포도주랑 영어 책 두 권을 찾아서 다행이야."

　레브는 제법 의젓하게 누나를 달래듯 말했습니다.

　씨엘은 애써 웃으며 생각했습니다.

　'우리 나라가 더 어려워지고 있다고 하더니 정말이네. 요즘은 골라낼 물건이 너무 적어.'

　씨엘은 다 압니다. 뉴스에서 나라 사정이 좋아지고 있다고 하면, 구르드 산에서 골라낼 물건이 많아지고, 나라 경제가 힘들다는 뉴스가 나오면 이상하게도 구르드 산까지 덩달아 가난해진다는 것을요.

　집에 돌아오니 엄마는 포도주 병을 보고 정말 좋아했습니다. 마치 아기처럼 포도주 병을 끌어안고 아이들 몰래 울기도 했습니다.

　'여보, 우리 아이들을 잘 키울게요. 열심히 일하는 것도 중요

하지만 꼭 건강을 챙겨야 해요. 사랑해요.'

엄마는 포도주 병에 살짝 입을 맞추었습니다. 결혼하기 전에 아빠와 데이트를 하며 마신 포도주를 떠올리면서요.

그날 밤 엄마와 세 남매는 여느 때처럼 허기진 배를 물과 소금만 넣고 구운 누런 밀가루 빵으로 채우고 일찍 잠자리에 들었습니다.

전기가 들어오지 않고, 석유램프는 비싸서 사용할 수 없거든요. 그래서 동네 사람들은 모두 일찍 잠자리에 들지요.

씨엘은 아까 구르드 산에서 주워 온 노란 머리띠를 어둠 속에서 만지작거리며 작게 말했습니다.

"레브, 봉봉. 내일 아침에는 일찍 일어나서 물을 길어 오자. 내일 철학 시간에 내가 발표를 해야 하거든. 그래서 준비 좀 해야 해. 알았지?"

"으음…… 누나……."

두 동생은 잠꼬대처럼 대답하고는 곧바로 코를 골기 시작했습니다. 다른 날보다 한 시간이나 더 구르드 산에서 일한 게 몹시 피곤했던 모양이에요. 엄마 역시 두 남동생 사이에서 주무시고 계십니다.

씨엘도 피곤했지만 잠이 오지 않았습니다. 철학 시간에 '사람의 욕심은 모두 나쁘기만 한 것인가?'에 대해 발표를 해야 하거든요.

씨엘과 함께 발표하기로 한 다른 세 친구는 서로 모여 토론도 하고, 욕심이란 주제의 책도 빌려서 읽는다고 했습니다. 그러나 학교에서 오자마자 구르드 산으로 올라가야 하는 씨엘에게는

─욕심?
우리 가족이 세끼 모두 노릇노릇한 버터 빵을 먹길
바라는 것도 욕심일까? 아빠가 돈을 벌려고 밀항선을
타는 것도 욕심일까? 구르드 산에서 다른 애들보다
더 많이 물건을 골라 담는 것도 욕심일까?
병을 제때 치료하지 못해 두 다리를 잘 쓰지 못하는
엄마를 위해, 내가 상급 학교 가는 걸 포기하고
돈을 많이 벌려고 하는 것도 욕심일까?
아냐, 아냐! 이런 건 욕심이 아냐!
하나님도 이런 건 욕심이 아니라고
해 주실 거야!
그럼 뭐가 욕심이지?

그런 것은 꿈같은 일이지요.

　씨엘은 코를 고는 두 동생과 조금 떨어져 창문 가까이에 누웠습니다. 그러고는 두 손도 제대로 보이지 않는 어둠 속에서 생각을 정리해 나가기 시작했지요. 어둠이라는 공책 위에 생각이라는 글씨를 쓰는 것이랍니다.

　씨엘은 생각을 하면서 밤을 꼬박 새울 듯했습니다. 그때였습니다.

　"윽!"

　어둠을 향해 반듯이 누워 있던 씨엘은 갑자기 온몸이 흔들리는 바람에 구토를 할 뻔했습니다.

　그 순간, 밖에서 사람들의 비명 소리가 들렸습니다.

　"모두 피해요!"

　"땅이 갈라지고 있어요!"

　"지진이다!"

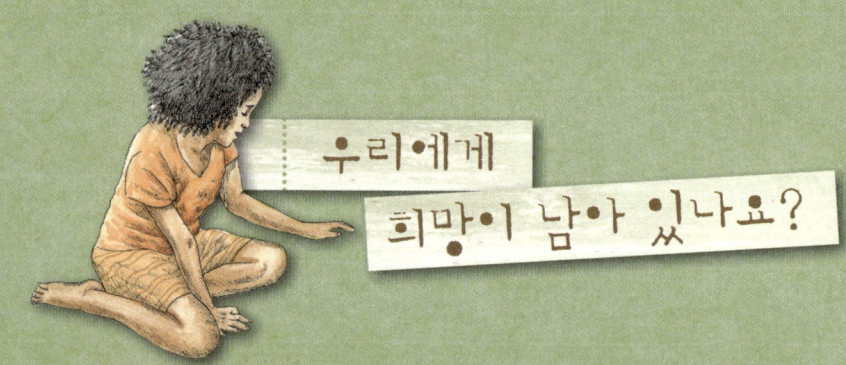

'으음…… 지금이 아침인가, 밤인가?'

씨엘은 눈을 뜨며 생각했습니다.

'어휴, 추워라. 으으으으.'

씨엘은 온몸을 악마의 손톱처럼 휘감는 차가운 기운에 부르르 떨었습니다.

"어? 여긴?"

일어나 앉은 씨엘은 두 눈을 크게 떴습니다.

'여기가 어디지?'

그때에서야, 씨엘은 귀가 따가움을 느꼈습니다.

아이들이 자지러지게 우는 소리, 어른들의 구슬픈 울부짖음, 사람들마다 가족의 이름을 부르는 소리, 엄마와 아빠, 그리고 형제를 찾는 외침, 개들의 공포심 가득 배인 울음, 응급차 소리, 경찰차의 경적, 요란한 호루라기 소리…….

"엄마, 엄마! 어디 있어요? 레브! 봉봉!"

씨엘도 목청껏 소리를 질렀습니다. 머리부터 발바닥까지 흙 범

벽이 되어 있는 것쯤은 신경도 안 쓴 채 말입니다. 집이 전쟁을 당한 것처럼 반 정도가 무너져 내린 것도 아랑곳하지 않은 채!

"엄마, 엄마! 어디 있어요? 레브! 봉봉!"

씨엘은 두려움에 엉엉 큰 소리로 울어 댔습니다.

간밤에 지진이 일어난 것입니다.

씨엘은 생각나지 않았습니다. 자기가 어떻게 집과 함께 무너지지 않았는지. 흙바닥이었지만 어떻게 집 앞마당에 안전하게 누워 있었는지. 엄마와 동생들은 어디에 있는지.
 그리고 동네 사람들이 얼마나 많이 하늘나라로 갔는지.
친구들은 무사한지. 아빠는 이 소식을 알고 있는지…….
씨엘은 아무것도 알 수가 없었습니다. 단지 머리가
너무 아프고, 추운 데다가 목이 말라 무작정
길거리로 나섰습니다.

거리는 온통 비명과 울음과 가족을 부르는 소리로 뒤흔들렸습니다. 부상을 당하여 쓰러진 채 도움을 기다리는 사람, 이미 숨이 멎은 듯 꼼짝 않는 사람, 정신을 잃은 채 거리에 앉아 멍하니 허공만 바라보는 사람, 고개가 뒤로 넘어간 아이를 안고 우는 사람…… 씨엘은 자신이 마치 지옥의 한가운데에 있는 것 같아서 온몸을 떨었습니다. 그러면서도 쉼 없이 살폈지요.

'엄마! 레브! 봉봉! 찾아야 돼!'

그때 누군가 씨엘의 뒷덜미를 세차게 움켜잡았습니다.

"윽!"

씨엘은 숨이 막혀 캑캑거렸습니다.

"니콜! 니콜!"

니콜은 씨엘의 친구입니다.

"저, 저는 씨, 씨엘이에요, 윽."

"씨, 씨엘…….'"

그때서야 씨엘을 잡았던 거센 손이 풀렸습니다. 씨엘은 제 목을 두 손으로 만지며 뒤돌아보았습니다.

"캑캑, 아줌마…….'"

니콜의 엄마였습니다. 니콜의 엄마도 흙 범벅인데다가 옷이다 찢어져서 속살이 거의 다 보일 정도였습니다.

"우리, 니, 니콜 어디 있니?"

니콜 엄마의 두 눈은 빛을 잃고 멍한 상태였습니다. 니콜을 찾느라 정신이 하나도 없어서이지요.

"못 봤어요. 아줌마, 우리 엄마는 어디 계세요?"

씨엘은 니콜 엄마의 두 손을 잡고 세차게 흔들며 물었습니다. 그렇게 하면 니콜 엄마가 정신을 찾을 것 같았거든요.

"엄마? 너의 엄마?"

니콜 엄마는 정신을 차린 듯했습니다.

"네! 우리 엄마요!"

"그래! 저쪽으로 가자!"

아줌마는 씨엘의 오른손을 잡고 무작정 뛰었습니다. 몇 번이나 경찰차와 응급차에 치일 뻔하면서도요.

임시 구호소

씨엘과 아줌마는 하얀 천막이 드리워진 곳에서 멈췄습니다.

"부상자들은 어디 있죠?"

"건너편으로 가세요."

아줌마의 물음에 물을 나누어 주던 남자가 손가락으로 가리키며 말했습니다.

씨엘과 아줌마는 물병을 하나씩 들고 숨 가쁘게 큰 도로를 건

넜습니다. 도로 곳곳은 움푹 파이거나 마른 빵처럼 쩍쩍 갈라져 있어서 아주 위험했습니다. 맨발인 두 사람은 용케 빠지지 않았습니다. 그러나 이미 발바닥은 피로 물들어 있었지요. 하지만 가족을 찾아야 한다는 생각에 아픔을 느끼지는 못했습니다.

건물이란 건물은 거의 무너진 상황이라 환자들은 천을 깔아 놓은 땅바닥에 누워 있어야 했습니다.

흙과 피로 범벅이 된 환자들은 고통에 몸부림치거나 아예 정신을 잃은 채 쓰러져 있었습니다.

그 가운데에서 가족을 찾는 사람들이 서로 부딪혀 넘어지거나, 다투기도 했습니다.

"엄마! 레브! 봉봉!"

"니콜!"

두 사람은 누워 있는 환자를 일일이 살피며 찾았습니다.

"엄마!"

"니콜!"

다행히 아줌마는 A 임시 병원에서 니콜을 찾았습니다. 니콜의 아빠가 딸을 업고 뛰어나온 것입니다. 다시 만난 니콜 가족은 서로 부둥켜안고 울었습니다. 니콜은 한쪽 다리가 부러져 있었습니다. 지진이 났을 때에 정신없이 집 밖으로 나오다가 무너지는 지붕에 다친 것입니다. 붕대가 부족하여 병원 침대의 시트를 잘라 감아 놓은 상태였습니다.

"참, 씨엘. 너의 어머니는 C 임시 병원에 계실 거야."

"정말요?"

니콜 아빠의 말에 씨엘은 한달음에 옆쪽으로 뛰었습니다. 셀 수 없이 많은 사람이 누워 있는 임시 병원. 역시 흙바닥에 천을 깔아 놓은 병원 아닌 병원이었습니다.

"엄마!"

씨엘은 아줌마와 함께 가족을 찾아 나섰습니다. 환자들의 비명과 신음, 가족을 찾는 사람들의 외침과 울부짖음 때문에 씨엘의 목소리는 제 귀에도 잘 들리지 않았습니다.

'만약, 만약, 만약에…… 엄마랑 동생들이 죽, 죽었다면…….'

씨엘은 불길한 예감에 온몸이 굳어지는 것 같았습니다. 발걸음을 떼기도 힘들었지요. 물병을 놓칠 뻔도 했고요.

"씨엘, 왜 그러니? 정신 차려야 한다. 이 난리 통에 맏딸인 네가 용기를 잃으면 어떻게 하니. 자, 내가 잡아 줄게."

"고맙습니다."

씨엘은 아줌마가 부축을 해 줘서 겨우 걸을 수 있었습니다.

"어? 저기 있다. 씨엘 엄마!"

아줌마는 한 손을 마구 흔들었습니다. 순간, 씨엘은 정신이 번쩍 들었습니다. 두 다리에도 힘이 생겼습니다. 두 눈에서 반짝반짝 빛도 났지요.

"엄마!"

씨엘은 물병을 흔들며 엄마에게 달려갔습니다.

"씨엘! 괜찮니?"

누워 있는 엄마 옆에 레브와 봉봉이 병아리처럼 앉아 있었습니다.

"누나!"

동생들은 씨엘을 보는 순간, 크게 울었습니다.

다리가 불편한 엄마는 지진이 났을 때에 본능적으로 옆에서 자고 있던 두 아이를 끌어안고 밖으로 나왔습니다. 그 덕분에 두 아이는 무사했지만 엄마의 다리는 더 불편해졌답니다. 또 엄마는 이마에 돌을 맞아 붕대를 감고 있었는데, 피가 흘러나와 젖어 있었습니다.

"누나. 엄마가 우리를 살려 줬어!"

"그런데 누나는 어디 있었어?"

동생들은 씨엘의 품에 안겼습니다.

"씨엘 엄마. 이 정도인 게 얼마나 다행이에요. 우리 가족도 모두

무사해요. 물론 집은 다 무너졌지만……. 아! 목숨은 구했는데 앞으로 어떻게 먹고 살지요? 지진이 안 났을 때도 힘들게 살았는데, 이젠 어떻게 아이들을 키우며 사나요?"

아줌마는 누워 있는 엄마의 두 손을 잡고 울었습니다.

"그러게 말이에요. 난 다리가 더 안 좋아졌으니. 애들 아빠가 이런 소식을 모르면 좋겠는데. 요즘은 텔레비전이나 인터넷 때문에 바로바로 소식을 다 듣는다면서요? 그럼 애들 아빠가 마음이 아파서 일하기도 힘들 텐데……."

엄마는 다리가 더 아프게 됐는데도, 아빠 걱정만 했습니다. 집이 반쯤 무너진 것도 큰 걱정이 아니라고 생각했습니다. 아줌마처럼 눈물을 흘리면서도 아빠 생각만 했습니다.

"그래도 우리 세 아이가 무사한 것을 보니 하늘이 도우셨나 봐요. 씨엘, 엄마 좀 일으켜 다오. 어서 가서 집을 고쳐야지."

"안 돼요, 엄마!"

씨엘은 일어나려고 애쓰는 엄마를 다시 눕게 했습니다. 마침, 스피커를 통해 안내 방송이 나왔습니다.

"여러분, 아직 안심하거나 집으로 돌아가지 마십시오. 여진이 발생할지 모른다고 합니다. 이제 곧 물과 음식을 배급할 테니

기다려 주십시오. 담요도 드리겠습니다. 지금 미국, 프랑스, 영국 등 전 세계에서 구호품을 보내 준다는 연락이 왔습니다. 의료진도 오고, 무너진 건물이나 흙 속에 갇힌 사람들을 구하기 위해 구급 대원들도 오고 있습니다. 그리고 가족의 생사 여부를 알고 싶은 분들은 A 지역 옆에 마련된 가족 찾기 텐트에서 신청을 하십시오. 그리고 벽보를 마련했으니 찾는 가족의 이름과 지금 여러분이 머무는 임시 지역이 A이면 A, B이면 B 이런 식으로 정확하게 써 놓으십시오."

안내 방송을 들은 엄마는 두 눈을 감은 채 눈물을 흘렸습니다.

'우리 아이들과 함께 살 집을 어떻게 수리하지? 나는 엄마이지만 아무 힘이 없으니. 불쌍한 내 자식들…….'

엄마의 마음을 아는 씨엘은 눈물을 꾹 참았습니다. 엄마의 두 손을 아기 손을 매만지듯 만지며, 엄마의 귀에 바짝 대고 말했습니다.

"엄마, 아무 걱정 말고 다리 낫는 데만 신경을 쓰세요. 제가 레브랑 봉봉을 잘 돌볼게요."

엄마는 힘없이 고개를 끄덕였습니다. 엄마의 눈물이 자꾸 씨엘의 귀 안으로 흘렀습니다. 씨엘은 손가락으로 엄마의 눈물을 훔쳐 내며 말을 이었습니다.

"엄마, 아무 걱정 마세요. 우리에게는 엄마가 있으니까요. 엄마가 있다는 것은 다 있다는 말이잖아요!"

그때 두 동생이 씨엘 옆으로 왔습니다.

"누나, 엄마랑 무슨 비밀 얘기하는 거야?"

"우리한테도 말해 줘."

씨엘은 다시 두 동생을 양팔로 안으며 말했습니다.

"동생들아, 잘 들어. 원래 엄마랑 맏딸은 비밀이 많은 거야!"

씨엘네 가족이 아주 잠시 웃으며 말하는 동안에도 여기저기에서 고통스러운 비명 소리가 쉼 없이 들려왔습니다.

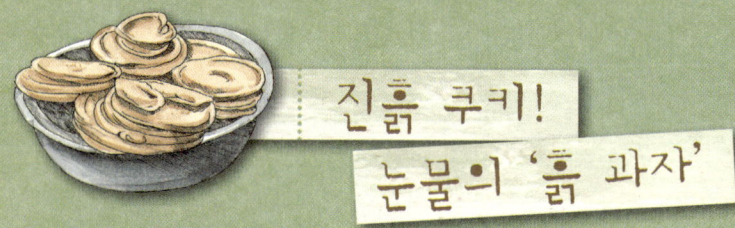

진흙 쿠키!
눈물의 '흙 과자'

지진 복구는 아이티의 수도인 포르토프랭스와 대통령 관저부터 시작되었습니다. 씨엘의 마을처럼 큰 회사나 주요 시설이 없는 곳은 구호의 손길이 더디었지요. 구호품도 잘 전달되지 않았습니다. 지진은 지난 1월에 일어났지만 씨엘의 마을은 그때나 지금이나 달라진 것이 많지 않습니다.

무너진 집과 학교, 상점 등은 새로 세워지지 못했습니다. 일손도, 건물을 지을 재료도, 장비도 너무 부족했습니다. 학교는 천막 교실이 대신했습니다. 가게는 노점상으로 바뀌었고, 집들은 하늘이 훤히 보이고 길 가던 사람들이 얼마든지 들여다볼 수 있을 정도로 대충 수리했습니다. 그나마 비가 많이 오는 때가 아니어서 다행이었지요.

씨엘의 집은 형편이 더 나빴습니다. 엄마의 아픈 다리가 낫지 않아 어린 세 남매는 집의 반쪽만 남은 곳에서 천막을 친 채 생활해야 했으니까요.

하지만 2월에 도착한 아빠의 편지 때문에 씨엘네 가족은 조그

마한 희망을 품을 수 있었답니다. 아빠는 도미니카에서 함께 일하는 아저씨가 휴가로 아이티에 가게 되자 가족에게 편지를 보낼 수 있었지요.

　사랑하는 가족에게

　지진 소식을 들었을 때 아빠는 바다를 헤엄쳐서라도 집으로 가고 싶었단다. 하지만 그럴 수 없는 상황이 안타까워서 날마다 울었지. 사망자나 부상자 그리고 실종자의 명단을 찾을 때마다 우리 가족의 이름이 없는 것을 확인하고는 얼마나 기뻐했는지 모른단다.
　그리고 아이티에서 온 사람들을 통해 우리 가족이 무사하다는 소식을 듣고는 아무도 몰래 공장 뒷마당에서 춤을 추기도 했지.
　얘들아, 아빠는 열심히 돈을 벌고 있단다. 이곳에서는 일밖에 할 것이 없어서 잠자는 시간만 빼고는 일을 하지. 너희들은 아빠가 힘들고 지겹지 않을까, 라고 생각하겠지만. 천만에!
　물론 그럴 때도 있지만 아빠가 세상에서 유일하게 사랑하는 아름다운 엄마와 너희들을 생각하면 없는 힘도 생긴단다. 하나님이 나를 사랑하셔서 내게 보내 주신 가족이잖니.

씨엘, 레브, 봉봉. 그리고 나의 아내, 에뚜와(별이라는 뜻)!

우리는 살아 있는 것에 감사하자.

살아만 있으면 뭐가 문제겠니?

살아 있다는 것은 내일과 미래가 있다는 뜻이잖니.

살아 있다는 것은 사랑할 수 있고, 공부할 수 있고, 돈을 벌 수 있고, 꿈을 꿀 수도 있다는 증거가 아니겠니?

아빠는 이 공장과 약속한 대로 일 년 뒤에 그러니까 12월에 갈게. 보름 동안 너희들과 재미있게 지내고 다시 도미니카로 돌아

올 거야. 이곳에서 뛰어노는 아이들을 볼 때마다 너희들 생각을 한단다.

참! 내가 하도 공장장님에게 너희들 이야기를 많이 하니까 자주 선물을 주신단다. 공장장님은 아이들의 학용품을 살 때마다 한두 개씩 더 사서 내게 주시지. 그렇게 모아 둔 게 벌써 한 상자나 된단다. 이번에 아이티에 가면 줄게. 아마 너희 세 남매가 학교를 졸업할 때까지 충분히 쓸 수 있을걸!

그리고 나의 사랑, 에뚜와! 다리 아픈 데에 먹으면 좋다는 약을 보내니 꼭 챙겨 먹어요. 당신 때문에 일주일을 하루처럼 생각하며 지내고 있어요.

그럼, 우리 다시 만날 때까지, 용기를 잃지 말자.

도미니카에서 아빠가

엄마와 세 남매는 날마다 아빠의 편지를 읽는답니다. 그 편지는 마치 성경 책처럼, 일기장처럼, 신비로운 치료 약처럼, 가족들의 마음을 위로해 줍니다.

"엄마, 오늘은 아빠 소식이 올까요?"

오늘도 레브는 잠에서 깨자마자 묻습니다. 레브는 닷새 전, 아빠가 파랑새를 타고 집에 오는 꿈을 꿨거든요. 그래서 날마다 아빠의 소식을 기다립니다.

"레브, 너무 실망하지 마라. 내일은 파랑새가 오겠지!"

엄마의 말에 레브는 고개를 푹 숙였습니다. 엄마는 불편한 다리 때문에 대부분 의자에 앉아서 지내지만 아이들 앞에서는 늘 웃음을 잃지 않으려고 노력합니다.

"레브! 사내대장부가 왜 그래? 우리 물 길으러 가자! 레브! 봉봉! 일어나."

씨엘은 물통을 흔들며 일부러 군인처럼 말했습니다.

"누나, 나 못 가겠어. 나, 배고파."

봉봉이 바닥에 누운 채 두 팔로 배를 감싸 안고 말했습니다.

"누나, 나도 배고파. 내가 말을 안 해서 그렇지 어지러워."

일어서려던 레브는 도로 바닥에 누웠습니다.

"너희들 엄살 피우지…… 마."

씨엘은 말끝을 흐렸습니다. 동생들을 나무라기는 했지만 자기도 배가 고팠거든요. 씨엘네 가족은 며칠 째 멀건 양배추 수프만 먹었습니다. 누렇고 거친 빵조차 구경도 못했지요. 엄마는 다리가 아파서 아무 일도 못했고, 지진이 난 후로는 구르드 산에도 올라갈 수가 없었거든요. 아빠가 조금 보내 준 돈도 이제 거의 남지 않았습니다. 물론 돈이 없어서 학교에 갈 수도 없었지요.

씨엘은 배가 고파 힘없이 누운 동생들을 보니 서러움이 북받쳤습니다. 큰 소리로 엉엉 울고 싶어서 밖으로 뛰어나가려고 하는데, 엄마가 불렀습니다.

"씨엘, 이리 오렴."

"네."

엄마는 의자의 틈새에서 돈을 꺼냈습니다.

"씨엘, 잘 들어라. 아빠가 오시려면 한 달을 더 기다려야 해. 그런데 지금 우리 집 전 재산은 1,000구르드란다. 그러니까 500구르드로 밀가루랑 양배추랑 소금을 좀 사 오렴. 그러면 아빠가 오실 때까지는 버틸 수 있을 거야."

엄마는 마치 유산을 물려주는 것처럼 슬픈 얼굴로 말했습니다.

"누나, 빨리 사 와."

동생들은 애원하듯 말했습니다.

"그래! 누나가 산타클로스 할아버지처럼 잔뜩 사 가지고 올게! 그동안 조금이라도 물 좀 길어와 줄래? 엄마, 다녀올게요!"

씨엘은 갑자기 힘이 생긴 듯 바람처럼 휙 뛰어나갔습니다.

"와! 여기는 다른 세상 같네."

씨엘은 머리가 어지러워 잠시 시장 한복판에 멈춰 섰습니다.

무너진 가게들 대신 자리 잡은 노점상.

없는 것이 없어 보였습니다.

맛있게 굽거나 찌거나 기름에 튀긴 빵, 과일과 야채, 이젠 맛이 어땠는지도 기억이 안 나는 생선, 쌀과 밀가루, 커피와 코코아, 옷과 신발, 그리고 늘 구르드 산에서 주운 걸로 장식했던 머리핀, 머리 고무줄…….

씨엘은 속옷 안에 넣어 둔 돈을 잃어버리지 않으려고 정신을 차렸습니다. 지진이 일어난 뒤 살기가 힘들어져서 남의 물건이나 돈을 훔치는 사람들이 많아졌거든요.

'빨리 밀가루부터 사자.'

씨엘은 나나 아줌마를 찾았습니다. 밀가루는 늘 나나 아줌마 가게에서 샀거든요. 하지만 아무리 찾아보아도 나나 아줌마는 보이지 않았습니다. 할 수 없이 씨엘은 마음씨 좋아 보이는 할머니의 좌판으로 갔지요.

"밀가루 주세요."

"한 봉지에 500구르드야."

"네? 전에는 200구르드였잖아요?"

씨엘은 따지듯이 물었습니다.

"얘야. 아직 어려서 뭘 모르는구나. 먹는 것, 입는 것, 모든 게 다 부족해. 지진 때문이지. 그래서 이것도 550구르드인데 너는 50구르드를 깎아 준 거야."

할머니는 혀를 찼습니다.

씨엘은 잠시 계산을 해 보았지요.

'지금 밀가루를 사면 소금도, 양배추도 못 사네. 양배추는 야채

파는 데를 잘 살피면 떨어져 나온 것을 주울 수 있으니까 괜찮아. 그런데 소금은?'

시장에서 바닥에 떨어진 야채나, 흠이 나서 버린 과일을 여러 번 주워 본 씨엘은 양배추 걱정은 안 했습니다.

'그러나 소금은 어떻게 하지? 그래! 니콜 엄마한테 사정해 봐야겠다.'

생각을 정리한 씨엘은 밀가루를 사려고 돈을 꺼냈습니다. 그때 등 뒤에서 아줌마들의 목소리가 들려왔습니다.

"그 쿠키 하나만 먹으면 하루 종일 배가 부르대요. 그리고 요리할 필요도 없으니까 돈도 절약할 수 있고요."

"당장 그 쿠키를 사야겠네요. 사실은 집에 아무것도 없어요. 기름도, 설탕도, 소금도, 버터도, 후추도…… 어서 갑시다."

씨엘은 속옷 주머니에 돈을 도로 집어넣고 아줌마들을 따라갔습니다.

"애야, 밀가루 안 살 거니?"

그러나 씨엘의 귀에 할머니의 목소리는 전혀 들리지 않았습니다.

"레브! 봉봉! 엄마!"

씨엘은 소리치며 집 안으로 들어섰습니다.

물을 마시며 허기를 달래던 가족들은 씨엘을 진짜 산타클로스처럼 반겼습니다.

"어서 그릇을 가져와라. 엄마가 밀가루 반죽을 할게."

엄마는 웃으며 말했습니다. 하지만 씨엘이 봉지에서 꺼낸 것을 본 엄마의 얼굴에서는 순간, 웃음이 사라졌습니다.

"씨엘, 뭘 사 온 거니?"

"누나, 밀가루 안 사고 쿠키를 산 거야? 그런데 쿠키가 되게 크다. 아빠 손처럼 커!"

엄마와 두 동생은 놀란 표정을 지으며 말했습니다.

씨엘은 물가가 너무 올라, 결국 쿠키를 사게 된 이야기를 들려주었습니다.

"누나. 그런데 이거 뭘로 만든 과자야?"

동생들은 벌써 쿠키를 먹기 시작했습니다.

씨엘은 머뭇머뭇하다가 대답했습니다.

"으응…… 버터랑 기름이랑 소금…… 맛있어?"

"맛이 좀 이상한데 먹을 만해. 배만 안 고프면 돼!"

진흙 쿠키! 눈물의 '흙 과자'

동생들은 어른 남자 손처럼 커다란 쿠키 하나를 눈 깜짝할 사이에 먹었습니다. 그렇지만 더 이상 먹지는 않았지요. 물을 실컷 마시고는 기운이 나는지 밖으로 나갔습니다.
"엄마도 드세요. 시장에서 이게 제일 잘 팔리더라고요. 엄마도 이런 쿠키는 처음이지요?"

씨엘은 쿠키를 먹으며 물었습니다.

"아니. 내가 어릴 때였지. 가뭄이 들어 사람들이 죽기도 했단다. 네 외할머니랑 동네 아줌마들이 진흙으로 쿠키를 만들어서 아이들에게 먹였지. 먹을 수 있다는 진흙을 곱게 체에 걸러서 소금이랑 버터를 넣고 그리고 눈물도 넣어서 쿠키를 만들었지."

"눈물은 왜 넣었어요?"

"씨엘, 자식들한테 그거라도 먹여야 하는 현실이 안타까워서 엄마들은 진흙 반죽을 하면서 울었단다. 그때마다 흘러나오는 눈물이 반죽 속에 물처럼 들어간 거야. 그런데 진흙 쿠키를 또 먹게 될 줄이야……."

"엄마."

엄마와 씨엘은 부둥켜안고 울었습니다.

진흙 쿠키!
희망의 '꿈 과자'

이른 아침에 물을 길으러 가다가 세 남매는 걸음을 멈췄습니다. 작년에 결혼한 투투 씨네 집 앞에 사람들이 모여 있었기 때문입니다.

"누나, 투투 아줌마가 아기를 낳으신 거야?"

레브가 물었습니다.

그때, 집 안에서 투투 씨가 아내를 업고 나왔습니다.

"빨리, 빨리 타요!"

사람들이 고함을 쳤습니다.

투투 씨가 아내와 함께 낡은 트럭에 오르자마자, 트럭은 흙먼지를 일으키며 달렸습니다.

"아줌마, 왜 그래요?"

"씨엘이구나. 진흙 쿠키 때문에 몸이 안 좋아진 것 같대. 다음 달에 아기를 낳을 건데 아무 일도 없었으면 좋겠구나."

니콜 엄마의 말에 세 남매는 말없이 고개를 끄덕였습니다.

지진이 일어난 뒤로 많은 사람이 진흙 쿠키를 먹기 시작했습

니다. 그런데 동시에 동네 사람들도 자주 아프기 시작했지요. 대부분 몸에 병균이 생겨서 앓는 것이었답니다. 봉봉도 설사를 여러 날 했었지요.

"어서 물 길으러 가자!"

씨엘은 니콜 엄마에게 인사를 한 후 동생들을 재촉했습니다.

"누나. 나 이제 진흙 쿠키 안 먹을래! 토할 거 같아."

"나도 먹기 싫어. 투투 아줌마나 다른 애들처럼 나도 아프면 어떻게 해? 지난번에는 시장에 갔었는데 빵이 얼마나 먹고 싶은지 훔칠 뻔했어."

"뭐? 훔쳐?" 씨엘은 레브를 노려보며 소리쳤습니다.

"정말 훔친 게 아니라 그럴 뻔했다고! 하지만 너무 배고프면 장 발장처럼 될 수도 있는 거 아냐? 누나는 안 그럴 자신 있어?"

레브도 씨엘을 노려보았습니다.

"그래! 난 안 그럴 거야! 넌 자존심도 없니? 배고프다고 훔칠 생각을 하게?"

"자존심보다 배고픈 게 더 중요한데 어떻게 해?"

우물에 도착할 때까지 씨엘과 레브는 자존심과 배고픔에 대해 다투었습니다.

봉봉은 아랑곳하지 않고 혼자서 이리저리 뛰어놀았지요.

크고 작은 물통 세 개에 물을 가득 채운 아이들은 다시 집으로 향했습니다. 씨엘과 레브는 조금 전까지 다툰 것은 하얗게 잊어버리고 웃고 장난치며 돌아왔습니다.

"아! 오늘도 파랑새가 안 오나?"

무거운 물통을 어깨에 메고 걷던 레브가 하늘을 올려다보며 말했습니다.

"형! 꿈은 꿈이야. 그러니까 꿈이지."

작은 물통을 든 봉봉이 웃으며 말했습니다.

"그게 무슨 말이야?"

"으음, 꿈은 꿈이라는 말이야. 에이 나도 모르겠네."

봉봉은 머리를 긁적였습니다.

"봉봉! 너 꼭 철학자 같다. 꿈은 꿈이다! 멋진 말인데!"

시엘은 정말 그렇게 생각했습니다.

'그래. 꿈은 꿈이고, 현실은 현실이야! 파랑새가 어디 있겠어!'

세 남매가 집에 거의 다 왔을 때, 니콜 아빠가 아이들 앞으로 뛰어왔습니다.

"씨엘! 아이고, 숨 차라."

"아저씨, 안녕하세요?"

세 남매는 합창하듯 인사했습니다.

"이거 받아라."

아저씨는 라면 상자만 한 종이 상자를 내밀었습니다.

"이게 뭐에요?"

씨엘이 상자를 받아 들며 물었습니다.

"뭐긴! 너의 아버지가 보낸 거란다. 이번에 도미니카에서 휴가 나온 조르드 아저씨 편으로 보냈어. 어서 어머니에게 가져다 드리렴."

"네, 감사합니다!"

씨엘은 너무 좋아 울컥했습니다.

"고맙습니다, 파랑새 아저씨!"

"뭐, 파랑새? 내가?"

니콜 아빠는 깜짝 놀라며 레브에게 물었습니다.

"헤헤, 그런 게 있어요. 아저씨가 내 꿈에 나타났거든요. 파랑새로 변해서요. 헤헤헤……."

"우리 형은 꿈쟁이래요!"

씨엘은 울고 있는데, 레브와 봉봉은 환하게 웃었습니다.

아빠가 보낸 상자에는 학용품과 초콜릿, 커피, 그리고 똑같은 그림의 티셔츠 3장이 있었습니다. 엄마에게 필요한 약도 있었지요.

세 남매는 'Save the Children!(어린이들을 지켜 주세요)'이란 글자가 새겨진 하늘색 티셔츠로 갈아입고는 초콜릿을 조각조각 나누었습니다. 다 먹고 싶었지만 니콜을 비롯한 친한 이웃들에게 나누어 주려는 것이지요.

아빠의 편지를 읽은 씨엘이 말했습니다.

"엄마. 좋은 소식이랑 나쁜 소식이 있는데, 어떤 소식부터 듣고 싶어요?"

"좋은 소식!"

레브가 냉큼 말했습니다.

"그래. 이왕이면 좋은 소식부터 듣자."

엄마의 말에 씨엘이 말했습니다.

"좋은 소식은요. 아빠가 밀가루를 살 수 있고, 또 내년부터 나랑 레브가 구르드 산에 오르지 않아도 학교에 다닐 수 있는 돈을 보낸 거예요. 그리고 나쁜 소식은……."

씨엘은 말을 잇지 못했습니다.

"씨엘, 왜 그러니? 아주 나쁜 소식이니?"

"누나, 왜 그래?"

엄마와 동생들의 얼굴에 갑자기 어두운 그림자가 내려앉았습니다.

"아니야!"

씨엘은 고개를 세차게 저었습니다.

"어떻게 보면 나쁜 소식이 아니야. 아빠가 이번 성탄절 때 정식 휴가를 받아서 오시려고 했는데 이 편지를 쓰기 전날, 다리를 다치셨대. 그래서 내년 봄에 오신대."

순간, 방 안 가득 눅눅한 기운이 감돌았습니다.

"얘들아, 이리 오렴."

세 남매는 의자에 앉아 있는 엄마 곁으로 가서 품에 안겼습니다.

"얘들아. 지난번에 아빠가 보낸 편지 기억나지? '우리는 살아 있는 것에 감사하자. 살아만 있으면 뭐가 문제겠니? 살아 있다는 것은 내일과 미래가 있다는 뜻이잖니. 살아 있다는 것은 사랑할 수 있고, 공부할 수 있고, 돈을 벌 수 있고, 꿈을 꿀 수도 있다는 증거가 아니겠니?' 엄마는 아빠의 편지를 시처럼 외우고 있단다."

엄마의 두 눈이 반짝였습니다.

"맞아요 엄마! 아빠도, 엄마도, 나랑 레브랑 봉봉도 모두 살아 있으니까 괜찮아요!"

씨엘은 눈물이 흐르는 엄마의 얼굴을 손으로 닦아 주며 말했습니다.

며칠 뒤, 씨엘은 커다란 바나나 잎으로 만든 광주리를 들고 시장으로 갔습니다. 그리고 나나 아줌마 옆에 앉았습니다.
"씨엘, 정말 장사를 할 거니?"
아줌마가 물었습니다.

"그럼요! 다시 학교에 다니게 되어도, 아빠가 오실 때까지는 할 거예요."

씨엘은 광주리를 덮은 헝겊을 젖혔습니다.

그 안에는 엄마와 함께 반죽하고 구워 낸 진흙 쿠키가 들어 있었습니다. 씨엘과 엄마는 아빠가 보내 준 돈으로 재료를 사서 진흙 쿠키 장사를 하기로 했답니다.

그러나 엄마가 어린 시절에 먹던 소금과 버터, 그리고 눈물의 진흙 쿠키가 아닙니다. 소금과 버터, 그리고 희망의 진흙 쿠키이지요.

씨엘은 아빠의 말대로 이루고 싶은 희망을 진흙 쿠키 속에 담아 정성껏 만든다면, 언젠가는 꿈을 이룰 수 있다고 믿는답니다.

"밀가루 사세요! 프랑스에서 들여온 밀가루입니다!"

씨엘은 나나 아줌마처럼 소리쳤어요.

"진흙 쿠키 사세요! 버터도 많이 넣고, 깨끗한 우물물로 반죽 했어요!"

그러면서 마음속으로는 이렇게 덧붙였습니다.

'씨엘 표 진흙 쿠키 속에는 희망도 듬뿍 들어 있어요!'

◦➤ 생각해 보아요

밥 대신 진흙 쿠키,
고통받고 있는 또 다른 세계

Haiti

아이티

위치 : 카리브해
수도 : 포르토프랭스
화폐 : 구르드(Gourde)
언어 : 크레올 어, 프랑스 어
인구 : 약 9,801,664명(2012년 기준)
기후 : 고온 열대성 해양성 기후
면적 : 27,750㎢(한반도의 1/3)
종교 : 로마 가톨릭 80%, 개신교 16%, 기타 4%
민족 : 흑인 95%, 물라토(흑인과 백인의 혼혈) 및 백인 5%

1. 아이티는 어떤 나라인가요?

'산이 많은 땅'이란 뜻의 아이티는 이름 그대로 국토의 3/4이 산입니다. 국민 대부분이 아프리카 노예의 후손인 흑인이며, 프랑스 어와 토속어인 크레올이라는 언어를 사용합니다.

북아메리카의 카브리해에 위치한 아이티는 도미니카공화국과 국경을 접하고 있습니다. 오랫동안 에스파냐와 프랑스의 지배를 받은 아이티는 1804년 1월 1일 세계에서 처음으로 흑인 노예들이 독립운동을 벌여 다른 나라를 강제로 지배하는 식민국으로부터 독립한 나라입니다. 하지만 오랜 정치적 혼란과 외국에서 빌린 돈 때문에 아이티는 세계에서 가장 가난한 나라가 되었답니다.

2. 지진이 모든 것을 빼앗아 갔어요.

아이티 사람들은 가난에서 벗어나려고 열심히 노력했습니다. 하지만 2010년 1월 12일에 발생한 규모 7.0의 아주 강한 지진 때문에 온 나라가 파괴되었지요. 50만 명 이상이 목숨을 잃었고, 180여만 명의 사람들이 큰 피해를 입었지요. 또한 30만여 채의 집이 무너지거나 부서졌고, 수많은 공공건물과 병원 등이 피해를 입었습니다. 또한 가난 때문에, 갖가지 범죄가 발생하고 여기 저기에서 아이들이 버려지고 있답니다.

3. 가난으로 빚은 빵 진흙 쿠키

5초에 1명의 아기들이 생명을 잃는 아이티에서는 먹을 것이 없어서 진흙으로 만든 과자를 먹습니다. 진흙 쿠키는 이름 그대로 흙과 물에 짭짤한 맛을 내는 소금을 넣고 부드러움을 더해 주는 마가린을 첨가하여 반죽한 것을 동그랗게 빚어 햇볕에 5시간 정도 말린 것입니다. 물론 그 안에는 기생충이 득시글하지요. 아이들은 책가방을 메고 학교로 가는 대신에 쿠키의 재료로 쓰일 진흙을 채취하기 위해 날마다 채굴장으로 발걸음을 옮긴답니다.

4. 고통의 땅 아이티, 그곳에서 피어난 희망

아이티, 세계에서 가장 가난한 나라. 과연 그곳의 아이들에게는 꿈이 있을까요? 여러 나라에서 아이티 아이들에게 동화책과 학용품을 전해 주며 꿈을 물어보니, 아이들은 간호사, 비행기 조종사, 선생님, 목사님 등이 되고 싶다고 말했습니다. 어려운 현실의 벽을 넘어 멋진 꿈을 꾸고 있는 것이지요. 아이티는 한국 전쟁이 일어났을 때 우리나라에 많은 도움을 준 나라입니다. 다른 나라의 도움을 받던 나라에서 이제는 다른 나라를 돕는 대한민국은 책임감을 갖고 아이티 어린이들의 꿈과 희망이 무너지지 않도록 도와주어야 합니다. 우리가 사랑으로 그들을 감쌀 때, 고통 속에서도 희망을 꽃을 피울 테니까요.